AF451828

MÉMOIRE JUSTIFICATIF

POUR les PP. de l'Oratoire desservant le college de la Trinité de Lyon,

CONTRE *les prétentions & imputations des Officiers municipaux de la même Ville.*

Le but de toute association politique est la conservation des droits naturels & imprescriptibles de l'homme. Ces droits sont la liberté, la propriété, la sûreté, & la résistance à l'oppression. (*Déclarat. des droits, &c. art. II.*)

LA premiere réclamation que nous avons adressée à nos concitoyens, est devenue pour nous un engagement de les rendre arbitres de la justice de nos plaintes. Elles ont eu assez d'éclat pour qu'on desire d'en connoître les motifs. Satisfaire ce desir est un devoir, dont nous avons senti toute l'importance, & nous trouvons aujourd'hui quelque satisfaction à le remplir. Ce ne sont pas les vexations dont nous nous plaignons qui ont étonné le public; ces abus d'un pouvoir très-subordonné ne sont pas nouveaux pour lui. Ce qui a dû le surprendre, c'est que nous ayons été les premiers à exprimer sans crainte cette indignation que contiennent depuis long-temps toutes les ames honnêtes. Ils nous connoissoient bien peu, ces municipaux, violateurs des droits de l'homme & du citoyen, s'ils ont présumé que nous plierions facilement sous le joug honteux du despotisme qu'ils

A

s'arrogent. Attaquer de front, sans héfiter & fans fe laffer, ce defpotifme le plus révoltant de tous, étoit peut-être une obligation fpéciale pour des inftituteurs qui connoiffent la dignité de leur miniftere. Etablis pour infpirer à l'ame de leurs éleves quelque élévation & quelque nobleffe, il faut bien qu'ils n'en foient pas dépourvus eux-mêmes; & de tous les actes de ce vrai civifme dont ils peuvent donner l'exemple à leurs concitoyens, le moins équivoque, fans doute, eft celui qui brave le reffentiment du plus fort, pour contribuer à rétablir l'empire des loix. Que le public juge notre contenance & nos moyens, & qu'il décide fi nous fommes *dégradés*, comme le prétendent nos adverfaires, & fi nous avons encore quelque droit à l'eftime & à la confiance dont il nous a honorés jufqu'à ce jour; fentiments flatteurs pour nous, unique récompenfe de nos travaux, & qui nous coûtent affez de peines pour qu'il nous foit permis de travailler à les conferver, à les fortifier encore!

Nous avons une double tâche à remplir. D'abord il importe à notre honneur de réfuter les inculpations de nos adverfaires. C'eft, en fecond lieu, une obligation ftricte pour nous de juftifier toutes les expreffions d'une fimple requête qu'ils ont érigée en mémoire, fe perfuadant peut-être que c'étoit notre plus grand effort. Ils l'ont déclarée très-infignifiante; nous ne manquerons pas de la leur expliquer de maniere à les obliger de convenir qu'elle fignifie beaucoup.

Le grand argument de MM. les Municipaux confifte à nier que nous ayons des propriétés. Ce texte légitime toutes leurs opérations; ils prétendent n'avoir porté chez nous aucune atteinte aux droits des propriétaires, puifque nous ne le fommes pas. Ils ne voient en nous que des profeffeurs à gages, amovibles peut-être au gré de leurs caprices, n'ayant tout au plus que la jouiffance des émoluments individuels que leur vaut en paſſant une exiſtence purement précaire.

Nous prétendons avoir, & notre objet aujourd'hui eſt de prouver que nous avons deux ſortes de propriétés ;

Les unes ſimplement uſufruitieres, & dont la jouiſſance réelle, modifiée par des conditions, eſt néceſſairement ſoumiſe à une ſurveillance qui ne peut rien avoir d'arbitraire ;

Les autres abſolues, indépendantes & libres de toute inſpection.

Nos propriétés uſufruitieres ſont établies ſur les titres les plus valables, les moins équivoques, les plus authentiques. Ce titres ſont un concordat paſſé en 1763, entre le conſulat de Lyon, & le fondé de procuration du régime de l'Oratoire. Les articles ſtipulés librement & volontairement de part & d'autre, forment proprement la ſubſtance des lettres patentes de notre établiſſement au college de la Trinité. Ces lettres furent homologuées au parlement de Paris, enrégiſtrées à la ſénéchauſſée de Lyon. Le conſulat lui-même s'empreſſa d'en requérir l'entiere exécution ; il ſe hâta de nous mettre en poſſeſſion du college.

Dans ces ſortes de traités, il y a néceſſairement des obligations & des avantages pour les contractans.

Si nous avons été conſtamment & ſi nous ſommes encore fideles à nos engagements, nous n'avons perdu aucun des droits que le contrat nous donne ; ces droits, de quelque nature qu'ils puiſſent être, une fois conſacrés par des conventions légales, forment une véritable propriété ; y porter atteinte ſans un motif déclaré valide par un jugement compétent, mais par la ſeule raiſon du plus fort, c'eſt ſe déclarer expoliateur, c'eſt vouloir détruire le principal fondement du ſyſtême ſocial.

Nos obligations ou nos charges ſont de fournir

seize fonctionnaires, de nous livrer à tous les soins de l'enseignement public, de pourvoir à l'entretien & aux réparations des bâtiments. (*Voyez la note N°. I. , à la suite de ce mémoire.*)

Les avantages ou les bénéfices qui nous sont assurés dans les conventions sanctionnées par l'autorité, & consacrées par toutes les formes légales, sont la garde de la bibliotheque, du médailler & de l'observatoire, la jouissance pleine & entiere des bâtiments, le droit d'en disposer *à notre plus grand avantage*; seize mille livres d'honoraires, quatre cents livres pour la distribution annuelle des prix , & trois cents pour les gages d'un portier du college. En 1765 d'après une délibération consignée dans ses registres, le bureau d'administration nous céda le bâtiment situé au nord du college, où est la salle des actes, moyennant une retenue annuelle de deux mille livres, sur les seize mille liv. stipulées pour les honoraires, & de cinq cents livres pour le domaine de Saint-Julien, situé à la Croix-Rousse. Cette double cession a été homologuée au parlement. (*Voyez* N°. II.)

Voilà les conditions d'un contrat dont la validité ne sera certainement pas contestée. Notre existence dans le college a tous les caracteres de légitimité qu'on peut exiger de nous. Les titres originaux existent; chaque citoyen a le pouvoir de les vérifier, & nous ne redoutons rien pour cet objet de l'examen le plus févere.

Mais avant de présenter le développement de nos droits qu'on s'efforce d'anéantir , nous voulons mettre le public à portée de juger par lui-même de notre exactitude à remplir nos engagements. Si nous avons satisfait aux conditions du traité conclu avec la ville de Lyon, les représentants peuvent-ils être autorisés à rétracter les avantages qui nous sont assurés en retour; nos droits ne subsistent-ils pas dans toute leur intégrité, aux termes d'une obligation réciproque ? Selon les conventions, nous devons fournir feize fonctionnaires ; nous fommes au nombre de trente, employés, les uns à l'inftruction, les autres au maintien de l'ordre & de la difcipline dans la penfion ; quelques-uns font chargés de préparer les plus jeunes éleves à fuivre la marche de l'enfeignement public ; il en eft enfin qui fe réfervent pour les diverfes fonctions du miniftere ; ils donnent leurs foins pour le fpirituel, tant aux externes qu'aux penfionnaires. Sans doute on ne trouvera rien d'inutile dans ces différents emplois ; jufque-là nous ne fommes point au deffous de nos engagements.

Nous devons entretenir & réparer les bâtiments confiés à notre adminiftration. Le fuccès de nos foins fur cet article, n'eft pas équivoque, puifqu'il a fourni quelquefois des prétextes à la malveillance. Quoi qu'en dife le rédacteur des obfervations, felon lequel le college appartenant à la commune, a été meublé par elle ; au moment de la prife de poffeffion, fi on excepte quelques uftenfiles de cuifine & de boulangerie, dont l'inventaire fait mention (*Voyez* N°. III), on peut affirmer que le college étoit dénué de tout. L'intérieur étoit abfolument délabré, la diftribution des logements, les agencements convenables à l'objet de l'établiffement, les meubles de premiere néceffité, les portes, les fenêtres, les cheminées, tout étoit à faire. Le bureau & non l'hôtel-de-ville, nous donna pour les réparations urgentes, treize mille cinq cents livres : qu'on juge fi cette fomme étoit fuffifante pour des befoins fi multipliés dans un local fi vafte & fi difpendieux ; tout l'excédent des dépenfes, eft du produit de nos économies. Les fommes moyennes des réparations annuelles, s'élevent à fept mille livres, fouvent elles ont été portées jufqu'à dix, ce qu'il nous eft facile de prouver par nos livres. Mêmes foins pour le domaine de St.-Julien à la Croix-rousse ; réparations dans le bâtiment, améliorations dans le jardin, plantations pour l'agrément ou pour l'utilité, rien n'a été oublié ; de l'aveu même de nos adversaires, les fonds ont acquis plus de valeur entre nos mains ; notre administration échappe à la censure.

On opposera peut-être à la validité de tous ces titres, à la régularité de notre système de conduite, que notre intérêt seul nous a guidés dans ces opérations, & que le public est dispensé de la reconnoissance : mais, quand nous n'aurions pensé à améliorer le local, que pour user du droit accordé d'en disposer *à notre plus grand avantage*, nous serions à l'abri de tout reproche ; remplissant exactement les charges, nous avons droit aux bénéfices, du moins la nation n'aura rien à perdre dans la vente de ces biens dont nous avons augmenté la valeur.

Cependant il est pour nous d'un intérêt plus essentiel aujourd'hui, de prouver que non-seulement l'objet principal de l'établissement n'a jamais été sacrifié à notre cupidité, mais que nous avons su, dans l'occasion, faire des sacrifices à l'utilité publique, de notre propre mouvement, & sans aucune impulsion étrangere.

On nous permettra ici une courte digression sur l'origine d'un établissement, dont tous les citoyens en général ont assez senti le prix : nous voulons parler du cabinet de physique, actuellement sous le scellé de la municipalité. S'il y avoit une propriété incontestable, & qu'on dût plus respecter, c'est celle-là sans doute (*Voyez* N°. IV). Ce cabinet composé de machines précieuses & en grand nombre, nous l'avons formé tout entier ; nous l'avons formé des produits d'une location, sur laquelle les lettres-patentes & les arrêts nous donnent des droits incontestables ; le magasin occupé par M. Lecour & ses successeurs. C'est de notre propre mouvement que nous y avons consacré les fruits d'une jouissance que nous pouvions nous approprier à nous-mêmes. Aurions-nous jamais présumé qu'un établissement qui nous donne quelque droit à la reconnoissance publique, dût nous attirer un traitement si injurieux de la part des représentants de la commune?

Et, qu'il nous soit permis de présenter ici le tableau exact de la perception & de la dépense relatives au cabinet de physique : le magasin occupé par M. Lecour & ses successeurs, n'a produit dans la totalité réunie des locations annuelles, que vingt-cinq mille livres; nous évaluons au moins à trente mille & plus les dépenses que nous occasionne le cours de physique expérimentale, depuis vingt ans qu'il est ouvert. Cette évaluation paroîtra d'abord un peu exagérée, ce seroit à raison de quinze cents livres par année; le calcul deviendra bientôt admissible, si on met, comme on le doit, en ligne de compte, l'entretien de l'artiste, les frais du laboratoire & des expériences, les agencements du cabinet, & de la salle des démonstrations; enfin, la valeur des machines, estimées, au plus bas prix, douze mille livres. Ces apperçus généraux suffiroient à tout lecteur pour le résoudre à adopter le calcul de nos dépenses volontaires (*Voyez* N°. V).

Nous demandons actuellement à tout lecteur impartial, si nous avons de notre côté rempli nos engagements : nos droits aux avantages que nous assure le contrat, sont donc suffisamment constatés; qui pourra avec quelque apparence de justice, nous en déclarer déchus? personne sans doute; nous aimons à le croire; mais, en quoi consistent ils ces droits qui sont l'objet de la contestation présente? Nous prenons encore ici le public pour juge; qu'il examine scrupuleusement, nous l'en conjurons, si nous donnons à ces droits que nous revendiquons en sa présence, une extension qui puisse paroître abusive.

D'après le texte même des lettres - patentes , nous avons la jouiſſance, la propriété uſufruitiere des bâtimens & dépendances du college; nous avons le droit d'en diſpoſer *à notre plus grand avantage*. Sans doute les pouvoirs autoriſés par la loi, peuvent inſpecter, d'après les formes qu'elle preſcrit, notre maniere d'adminiſtrer les biens dont elle-même nous donna la jouiſſance; ces biens, nous en ſommes reſponſables; nous devons compte de notre adminiſtration publique ; mais une fois que la loi en a dirigé les produits dans nos mains, quand elle a déclaré que nous diſpoſerions des fonds mêmes *à notre plus grand avantage* , ces produits deviennent pour nous un objet d'adminiſtration purement intérieure, dont nous ne ſommes comptables qu'à nous-mêmes ; nous les adminiſtrons à notre gré, la propriété en eſt entre nos mains, indépendante & abſolue ; & le régime ſeul de l'Oratoire a droit d'en ſurveiller l'emploi. Formant une famille qui a une exiſtence vraiment légale, c'eſt à nous à juger de nos beſoins, à y pourvoir par l'uſage le plus avantageux des revenus que la loi nous accorde ; nous en diſpoſons ſelon notre goût, pour des acquiſitions qui nous ſont utiles ou agréables : dira-t-on que les objets acquis pour notre agrément ou notre utilité, ne nous appartiennent plus par là même que nous les avons achetés de deniers qui nous étoient propres ? Eh ! de quel avantage ces fonds ſeroient-ils pour nous, ſi nous ne pouvions jouir des produits qu'en les diſſipant en dépenſes ſuperflues ; ſi ces produits que nous pouvons conſommer inutilement, ceſſoient d'être notre propriété, dès l'inſtant qu'ils ſeroient convertis en objets utiles ?

A titre de ſalaire ou de gages (nous laiſſons le choix du mot à nos adverſaires), ce que nous avons acquis légitimement & en rempliſſant nos obligations, forme inconteſtablement une propriété abſolue.

S'il nous convient d'échanger le numéraire de nos

gages contre des effets, de quelque nature qu'ils foient, la propriété difparoît-elle ? Ces effets ne repréfentent-t-ils pas l'argent contre lequel ils ont été échangés ? Ne pouvons-nous pas les convertir encore en numéraire ?

Ce raifonnement n'a certainement rien d'infidieux, c'eft un principe de droit naturel dont les hommes les plus bornés fentiront l'évidence.

Si nos adverfaires prétendoient le combattre, eux qui n'ont pas ofé nous contefter la propriété du numéraire conftituant nos *gages*, qu'ils examinent bien toutes les conféquences qui réfulteroient de leurs prétentions nouvelles.

Les denrées que nous acquérons à prix d'argent ne nous appartiendroient plus ; nos furveillants feroient autorifés à nous en prefcrire la quantité & la qualité ; ils pourroient nous empêcher de revendre un excédent de provifions que nous ferions obligés de perdre, quand nous ne pourrions le confommer ; ils pourroient porter la même infpection fur nos habits que fur nos meubles ; & chaque individu parmi nous feroit dans l'impuiffance de difpofer des acquifitions qu'il a faites pour le néceffaire ou pour l'agrément, avec fon honoraire ou fon *gage* partiel.

Nous fommes exactement dans la pofition, nous avons les droits des curés attachés à la defferte des paroiffes. Chacun d'eux a un logement dans lequel il fait tous les agencements qui lui femblent néceffaires ; il difpofe *à fon plus grand avantage* du jardin & des autres dépendances du presbytère. Il lui eft interdit d'aliéner ou de détériorer le local ; mais aucune autorité ne modifie ou ne reftreint l'ufage qu'il fait de fon falaire.

Dans toutes les maifons publiques de charité, les adminiftrateurs qui n'ont aucune *jouiffance* des biens confiés à leurs foins, ont été toujours autorifés à vendre , *pour le plus grand avantage de la maison ;* ce qu'ils jugent fuperflù & hors de fervice ; & on nous refufe ce droit , à nous jouiffants & propriétaires ! Cependant qu'on veuille bien y réfléchir ; la nature de l'établiffement que nous deffervons exige des re-vues fréquentes dans le mobilier , des réformes , des échanges ; quelle économie y auroit-il à renfermer dans de vaftes dépôts des meubles dont on ne peut ou dont on ne veut plus faire ufage , & dont le prix de vente facilite l'acquifition d'effets d'une utilité plus réelle ou d'une néceffité plus urgente.

Il eft d'ailleurs aifé de fentir que les réformes que nous étions dans l'ufage de faire de temps à autre, pouvoient être impérieufement prefcrites par les cir-conftances. Nous ne recevons que des affignats en paiement des locations & des penfions alimentaires ; & les pertes fur ces effets ne peuvent être réparées chez nous par des fpéculations de commerce. La mu-nicipalité s'obftinoit à nous refufer nos honoraires ; il nous en eft dû une année entiere. Depuis quatre ans, la fomme annuelle de quatre cents livres déterminée dans les lettres patentes pour la diftribution des prix, n'étoit pas payée , non plus que les trois cents liv. pour l'entretien d'un portier de college , & les 450 liv. pour le domeftique de la biblioteque. Cependant nous avons conftamment diftribué les prix , nous avons confervé le portier. Nos charges étoient les mêmes & nos reffources diminuées. Eft - il donc étonnant qu'ayant un droit bien établi de propriété réelle & abfolue , nous ayons fait des fpéculations de réforme, que nous ayons penfé à vendre des meubles inutiles , quoique neufs , ou hors d'ufage, à caufe de leur vétufté ?

Nous n'ignorons pas & nous refpectons les décrets qui ont déclaré biens nationaux les *fonds* appartenants aux congrégations féculieres & aux maifons d'éduca-tion ; mais fommes-nous coupables de contravention à la loi ? Les fonds font à la nation , fans doute ; mais ces fonds , la loi nous en abandonne encore la *jouiffance* ; quelques formes par conféquent que leurs produits aient prifes entre nos mains, elle nous au-torife à nous en regarder comme propriétaires. Comment donc la municipalité de Lyon prétend-elle nous ravir le droit de difpofer d'un mobilier produit de ces fonds , ainfi que nous l'avons déja remarqué , dont le décret même nous laiffe une jouiffance auffi en-tiere que nous l'avons toujours eue ? (*Voyez* N°. VI.) D'après la loi , nous fommes ce que nous étions ; notre exiftence, nos droits font les mêmes ; eût-on ofé anciennement appofer le fcellé fur nos meubles, mettre des fentinelles à nos portes , nous accufer d'expoliation & de vol , parce que nous aurions jugé à propos de vendre quelques parties inutiles d'un mobilier confidérable ?

Enfin quel eft donc ce délit fi févérement qualifié par les officiers municipaux ? Qu'avons nous vendu ? Quand & de quelle maniere l'avons - nous fait ? (*Voyez* N°. VII.) Que le public décide lui-même fi nous avons mérité l'agreffion indécente , la pour-fuite injurieufe autant qu'illégale des miniftres de la loi.

Nous avons vendu un attelier de ferrurerie, formé depuis quelques années , formé à nos frais , pour nos befoins particuliers , & ceux de nos locataires : ce n'eft pas , comme l'on a dit , le laboratoire du cabinet de phyfique ; il exifte dans toute fon in-tégrité.

Nous avons vendu de la vaiffelle d'étain , abfo-lument hors de fervice ; des livres claffiques, achetés par nous pour fournir aux befoins de nos penfion-naires ; des dictionnaires , parmi lefquels l'Encyclo-pédie , édition de Lyon , placée dans une chambre particuliere pour la commodité des profeffeurs ; de l'argenterie portée à la monnoie , fur l'invitation faite à tous les citoyens par l'Affemblée nationale ; quelques couverts d'argent fuperflus ; des planches de parquet, quelques lits de l'infirmerie des penfionnaires. Le motif d'une néceffité paffagere les avoit fait établir ; la raifon de leur inutilité actuelle les fit fupprimer. Depuis plufieurs années , une des chambres de cette infirmerie étoit demeurée abfolument vide. Tous ces effets étoient un produit de nos honoraires ; nous pouvions en difpofer *à notre plus grand avantage.* **A** qui & comment les avons-nous livrés ? à des citoyens domiciliés , chez lefquels on pouvoit aifément les reconnoître. Le tranfport s'en eft effectué en plein jour , par les iffues ordinaires , fans aucune précaution fufpecte , puifque les adminiftrateurs eux-mêmes s'en font apperçus. Des porteurs chargés ont paffé librement devant la porte du bureau pendant le cours de la féance. Notre conduite à cette époque a été celle que nous avons toujours tenue en pareil cas. Enfin ce qui doit achever notre juftification , & démontrer notre bonne foi , aux yeux du public impartial , c'eft notre exactitude à configner dans nos livres de compte , le produit de toutes ces ventes ; & nos livres font foumis en vertu du décret à l'infpection de la municipalité , dont nous connoiffions déja les difpofitions défavorables pour nous.

Eft-ce là le caractere des expoliateurs ? Qu'on examine fans prévention , qu'on nous juge fans partialité.

Le voilà ce délit qu'on a pourfuivi avec tant d'éclat ; nos lecteurs l'ont bien apprécié fans doute ; qu'ils apprécient auffi la conduite des officiers municipaux à notre égard ; qu'ils jugent enfin quels font ici les violateurs des loix & les perturbateurs de l'ordre public.

Au premier indice reçu de la prétendue expoliation, M. Preffavin érige en tribunal conftitutionnel le bureau d'adminiſtration qu'il préſide. Il oſe faire ſubir un interrogatoire au ſupérieur , membre du bureau comme lui. Il ſe tranſporte à l'infirmerie des penſionnaires pour conſtater le délit. Là , ſur une prétendue dénonciation , il dreſſe un verbal que le ſupérieur refuſe de ſigner à cauſe de l'incompétence du juge ; il envoie à la hâte demander des ſoldats , & notre maiſon bientôt après ſe trouve inveſtie de gardes.

M. Preſſavin avoit effrayé , irrité la municipalité par l'annonce d'une expoliation générale à laquelle il falloit s'oppoſer ſans délai, & cependant les expoliateurs étoient abſents ; il n'étoit reſté que le ſupérieur , retenu par l'obligation d'aſſiſter au bureau. C'étoit le jour de délaſſement ; la communauté entiere étoit paiſiblement à la campagne , avec les penſionnaires & les domeſtiques néceſſaires au ſervice. Il n'y avoit à la maiſon que le portier & quelques perſonnes en ſous-ordre , que leurs fonctions y retiennent toujours. Ces expoliateurs , ſi empreſſés à ſaiſir l'inſtant de dévaſter , à profiter du dernier moment de leur exiſtence dans le college , avoient une confiance bien aveugle en leurs commiſſionnaires ! peut-être vouloient-ils ſe ménager par cette abſence un moyen de juſtification ; ils eſpéroient prouver par *l'alibi* qu'ils n'avoient aucune part au délit ſcandaleux.

Quelques-uns d'entre nous , avertis de l'événement , reviennent au college pour y retrouver M. Preſſavin , transformé en chef militaire , n'ayant à produire aucune autoriſation du corps municipal , faiſant valoir ſans héſiter le droit du plus fort , voulant conſigner dans leurs chambres & ſous la garde de ſes ſatellites , tous ceux qui oſent lui oppoſer la raiſon , & les décrets.

Réduit bientôt par l'inutilité de ſes menaces & de ſon emportement , à prendre un ton plus modéré , il procede avec MM. Bret & Billemaz à l'inſpection de nos meubles.

(14)

A la facriftie dont ils faifoient l'inventaire, ils re-
fufent de mentionner plufieurs effets qu'on leur préfente ; appofent le fcellé fur deux chambres de l'infirmerie ; & de retour à l'hôtel commun, y rédigent à
leur gré un procès-verbal, loin de nous, à notre infçu,
fans nous en donner la moindre connoiffance ; cependant ils ofent y inférer que nous avons refufé de le
figner. Quelle confiance le public doit-il aux opérations de ces officiers, qui ne craignent pas de fe permettre de pareilles infidélités ? Et dans les obfervations
publiées par le confeil municipal, on nous accufe
d'impofture & de calomnie !

Le foir du même jour, entre huit & neuf heures,
M. le maire, fuivi de quelques municipaux ou notables, vint mettre fous le fcellé la bibliotheque, le
médailler, le cabinet de phyfique. Il remit toutes les
clefs au fecretaire-greffier, & le lendemain, de midi
à une heure, il termina fes expéditions par l'interdit
de l'obfervatoire.

Depuis le commencement jufqu'à la conclufion de
cette expédition indécente & contraire à tous les principes du droit public & particulier, une maifon ecclé-
fiaftique, chargée de l'éducation publique, n'offrit
dans toutes fes avenues que des foldats armés, &
demeura ouverte pendant toute la nuit ; appareil nouveau qui, excitant la méfiance du peuple, nous expo-
foit à fes foupçons, trop redoutables dans la circonftance. A combien de conjectures dangereufes pour
nous a donné lieu cet acte de defpotifme, deftructeur
des principes conftitutionnels que nos adverfaires
paroiffent fi jaloux d'affermir ! Et ils ne rougiffent pas
d'excufer cet outrage en prétendant qu'ils agiffoient
ainfi pour notre fûreté perfonnelle, eux qui la com-
promettoient par des mefures fi odieufes !

Enfin, notre premiere réclamation étonna nos oppreffeurs ; accoutumés à ne pas trouver de réfiftance, bien

perfuadés , malgré eux-mêmes , que tous les principes, toutes les loix étoient en notre faveur, ils fentirent, pour la premiere fois, la néceffité de donner à leurs vexations des prétextes plaufibles. Des vifites fréquentes, des revues féveres furent faites par eux chez quelques libraires, dans l'efpérance de pouvoir nous convaincre d'avoir porté atteinte au dépôt de la bibliotheque publique ; mais cette efpérance fut cruellement déçue. Alors ils fe rabattirent un peu tard fur un motif capable d'intéreffer contre nous ceux qui ne connoiffent pas l'état de nos affaires.

On a cité avec emphafe l'hypotheque exiftante fur nos biens - meubles & immeubles, à l'époque d'un emprunt, fous le cautionnement du bureau des colleges, auquel nous fûmes autorifés dès les premieres années de notre établiffement.

Il eft vrai que nous avons emprunté, à différentes reprifes , pour les réparations & conftructions néceffaires ou utiles, la fomme de cent foixante-cinq mille livres, dont nous n'avons rembourfé que cinquante-quatre mille. Mais en rappellant les cent onze mille livres dont nous fommes encore redevables, pourquoi a-t-on affecté de cacher au public l'emploi très-avantageux pour le college de la fomme empruntée , & qui préfente l'hypotheque la plus fûre, puifque cette hypotheque eft très-fupérieure à la dette ? Pourquoi n'a-t-on pas voulu reconnoître que les agencements des magafins avec logements fur la place, le bâtiment dit *de la Terraffe*, fur le quai du Rhône, que nous avons conftruit par le moyen de cet emprunt, donnent en total un revenu net de douze mille livres ? N'eft-ce pas là une hypotheque plus que fuffifante pour les cent onze mille livres qui reftent à rembourfer ?

Le zele pour la chofe publique dont nos adverfaires fe font parés dans cette occafion, quoiqu'un peu tard, eft-il bien pur, ou du moins bien éclairé ? Ils connoiſſoient ou non l'état des affaires du college ; dans l'une & dans l'autre hypotheſe , comment le public jugera-t-il ce dernier prétexte qu'ils ont employé pour juſtifier à ſes yeux une conduite plus qu'imprudente ?

D'après cet expoſé ſimple & fidele , dans lequel nous nous ſommes interdit ſcrupuleuſement tous les moyens étrangers dont on cherche à étayer une cauſe douteuſe , qu'on juge ſi nous avons été autoriſés à nous plaindre , ſi nous avons été fondés à réclamer contre nos adverſaires , & l'autorité des loix , & le pouvoir des adminiſtrations ſupérieures.

Mais le ton de la plainte les a bleſſés ; ils croient leur dignité compromiſe ; c'eſt une atteinte , diront-ils , portée au reſpect dû aux magiſtrats élus par le peuple. Hé bien ! que le public juge encore ſi l'énergie de cette plainte peut être juſtifiée par des vexations ſe-crettes , que nous n'avons ſupportées long-temps , que dans l'eſpérance de voir renaître , ſous l'autorité des loix conſtitutionnelles , le regne de l'ordre & de la juſtice , & d'être dédommagés des ſacrifices que nous faiſions à l'amour de la tranquillité & de la paix. Mais nous voulons qu'on nous juge toujours avec connoiſ-ſance de cauſe. Nous ne prétendons rien déguiſer , rien pallier ; nous expoſerons ici la forme de cette plainte ; on en peſera à loiſir toutes les expreſſions ; & les faits qui viendront à l'appui , fourniront à nos conci-toyens les moyens les plus ſûrs de décider de la pro-portion ou de l'excès.

REQUÊTE

REQUÊTE

A MESSIEURS

LES ADMINISTRATEURS

DU DIRECTOIRE

DU DÉPARTEMENT DE RHONE ET LOIRE.

MESSIEURS,

LES PP. de l'Oratoire, deſſervant le college de la Trinité de Lyon, réclament avec inſtance toute la force & la plénitude de votre autorité, contre le deſpotiſme d'une municipalité, acharnée à leur deſtruction. Ils demandent & s'obſtineront à demander à tous les pouvoirs ſupérieurs, qu'on les raſſure enfin pour toujours contre des vexations qu'on n'oſeroit ſe permettre contre aucun des citoyens. Ils ne veulent, ils ne ſollicitent que ce que la loi promet & garantit à chaque individu, liberté, propriété & ſûreté.

ILS DEMANDENT,

1°. Que le département faſſe diſparoître au plutôt, des ſcellés appoſés chez eux ſans droit comme ſans motif, ſous quelques prétextes dont les plaignants s'engagent à démontrer la fauſſeté.

2°. Qu'il frappe de nullité cet acte abuſif d'un

B

pouvoir ufurpé ; qu'il prefcrive à la municipalité d'apprendre à connoître & à refpecter les loix décrétées par l'affemblée nationale, & fanctionnées par le Roi.

3°. Qu'elle ceffe de les troubler dans leurs fonctions, & de s'immifcer dans l'adminiftration de leurs biens que des décrets provifoires leur laiffent encore ; qu'elle fe borne exactement à l'infpection fubalterne que lui permet d'exercer la nature de fa conftitution.

4°. Qu'elle foit contrainte de payer des honoraires ftipulés, refufés depuis plus d'un an, fous des prétextes que des adminiftrateurs publics devroient rougir d'alléguer.

5°. Qu'on reftreigne les prétentions, qu'on furveille rigoureufement les opérations d'un bureau tout dévoué à la municipalité, formé par elle feule, & qui, dans une adminiftration arbitraire, peut aifément facrifier le bien public à des intérêts particuliers.

6°. Enfin, par la démarche illégale, injufte, indécente de la municipalité, l'honneur des PP. de l'Oratoire ayant été compromis dans le public, & peut-être leur fûreté perfonnelle, ils demandent qu'un acte éclatant de juftice, de la part des adminiftrateurs fupérieurs, contre les violateurs des loix & des droits des citoyens, leur rende une confidération qu'ils n'ont pas mérité de perdre, confidération fi précieufe pour tout individu ifolé, & fi néceffaire à des inftituteurs publics.

Les demandes qu'arrache enfin aux plaignants un fyftême de perfécution, fourdement combiné, & manifefté fans ménagement, ont pour motif & pour bafe, les loix mêmes dont les adminiftrateurs du département font les principaux dépofitaires.

L'affemblée nationale conftituante a, par un décret provifoire, confervé aux congrégations féculieres, l'état civil, la jouiffance des revenus, le mode d'exiftence dont elles jouiffoient précédemment. Ce décret, bien loin d'être révoqué, se trouve confirmé aujourd'hui par les dernieres délibérations de l'assemblée nationale sur les congrégations chargées de l'enseignement. La municipalité peut-elle refuser de reconnoître ces décrets? Peut-elle les interpréter à sa fantaisie? Ou la ville de Lyon forme-t-elle une république oligarchique, séparée du reste de l'empire?

2°. Les fonds des colleges étant réunis à la masse des biens nationaux, ne sont-ils pas spécialement réservés à l'administration des districts, qui sont seuls chargés de faire l'application des décrets relatifs à cet objet? Une municipalité a-t-elle droit d'usurper leur autorité, ou de rivaliser avec eux dans l'interprétation des loix qui déterminent le maintien ou l'aliénation de ces fonds?

3°. Obligés par un décret tout récent à continuer des fonctions dont l'importance ne peut être méconnue, les plaignants seront-ils seuls exclus des avantages que la constitution veut assurer à tous les François? Seront-ils plus vexés, plus avilis que les autres citoyens, parce qu'ils sont plus spécialement consacrés à l'utilité publique, sans pouvoir espérer de leurs peines la moindre augmentation dans leur fortune? Ont-ils mérité par leur incivisme, qu'on s'obstine à leur refuser les émoluments stipulés dans des conventions anciennes, & revêtues de toutes les formes légales? Pourront-ils remplir des obligations si délicates de leur nature, quand ils seront sans cesse tourmentés par des municipaux turbulents, dépouillés de leurs propriétés les plus légitimes, rendus suspects à la multitude, dégradés aux yeux de leurs éleves, déshonorés auprès des parents qui devroient refuser leur confiance à des hommes capables de supporter lâchement une oppression non moins cruelle que flétrissante?

Les plaignants présentent, avec une franchise nécessaire, ces griefs & ces motifs à la justice des administrateurs supérieurs. Pleins de l'idée & du sentiment de ce qu'ils se doivent à eux-mêmes, comme citoyens & comme instituteurs publics, ils s'attendent à obtenir une réparation qu'ils sont résolus à poursuivre sans se rebuter. Peut-être doivent-ils encore à leur qualité d'instituteurs, de donner l'exemple d'un courage décent, mais inébranlable, contre un plan d'oppression si dangereux pour la société entiere, & si contraire à tous les principes du pacte social.

La voilà cette requête que les officiers municipaux ont trouvée insignifiante & chargée d'impostures. Il nous sera facile de déterminer le sens de nos expressions, & de justifier l'emploi que nous en avons fait.

Le syftême de vexation sourdement combiné contre nous par les officiers municipaux, s'est manifesté dans les premieres tentatives des nouveaux administrateurs des colleges. Les membres qui composent ce bureau ont été principalement choisis parmi les municipaux & les notables. Entre deux corps formés des mêmes hommes, doit sans doute exister un concert réel de volontés & d'opérations ; par conséquent les plaintes que nous avons à former contre le bureau, se dirigent contre la municipalité elle-même.

Etudier l'objet effentiel de l'établiffement, la validité & la vraie fignification des titres, la nature & la force des conventions, les loix réglémentaires, les droits autant que les obligations des profeffeurs, & peut-être auffi confulter cet amour habituel de la liberté, qui a toujours caractérifé les Oratoriens ; voilà fans doute ce qu'avoient à faire des hommes peu exercés à ce genre d'administration, s'ils vouloient mériter la confiance du public, & celle des citoyens fur lefquels ils avoient à exercer une utile surveillance.

Mais tout ce qui rappelloit l'ancien ordre de chofes , étoit fufpect aux municipaux transformés en adminif- trateurs des colleges. Il falloit tout abattre pour tout reconftruire , tout changer pour tout renouveller à leur maniere. Au lieu de confulter les lettres patentes & les délibérations de leurs prédéceffeurs, ils paroiffent, à en juger par toute leur conduite , adopter pour leur code dans la régie des colleges, ce libelle , auffi vil qu'odieux , répandu contre nous, il y a environ un an, auquel , malgré un premier mouvement d'indignation, une réflexion plus calme & l'opinion publique nous difpenferent de répondre.

Il nous fera permis de remarquer en paffant, que ce libelle a eu dans le temps pour apologifte un des adminiftrateurs actuels. C'eft à lui à vérifier les affer- tions qu'il jugeoit & difoit inconteftables, relativement aux fonds des colleges & à l'abus que nous étions accufés d'en faire. Il nous fuffit d'attefter au public que cette adminiftration nous eft abfolument étran- gere. Nous n'avons jamais eu d'autres propriétés que les revenus des locations & les honoraires ftipulés , dont nous avons produit les titres. Le bureau feul adjuge les fermes, paffe les baux tant des maifons qui font dans la ville , que des domaines ruraux. Les citoyens , nous en convenons , font intéreffés à con- noître les détails de cette régie ; c'eft aux adminiftra- teurs fupérieurs à la furveiller. Mais fi on la trouve dé- fectueufe , que nos concitoyens ne s'en prennent point à nous. Le bureau feul eft refponfable de l'adminiftra- tion de ces fonds nationaux.

Une fois compofé & organifé, le nouveau corps des adminiftrateurs multiplia les féances pour donner plus d'activité à fes opérations. Le P. Roman , fupé- rieur du college, fut invité à s'y trouver par un billet de M. le maire. Si le bureau eft formé d'après l'efprit des lettres patentes , le fupérieur y étant appellé de droit,

B 3

& ayant voix délibérative dans tout ce qui concerne les affaires du college, rien de plus inutile qu'une permiſſion en forme d'invitation, accordée ou ſuſpendue au gré de M. Vitet.

Si une délibération expreſſe de la commune l'a compoſé ſur un plan nouveau, puiſqu'il eſt plus nombreux que l'ancien, cette délibération conſerve ou retire au ſupérieur les droits qu'il avoit précédemment. Dans le premier cas, même inutilité de l'invitation : dans le ſecond, nullité abſolue.

Cependant le bureau, ferme & bien réſolu dans le ſyſtème illégal & arbitraire qu'il avoit adopté, refuſa, ſans autre motif que celui de ſa volonté ſuprême, de payer des honoraires aux profeſſeurs du college de la Trinité. Le P. Roman, plus qu'étonné d'une réſolution contraire à tous les principes, ne put oppoſer à cette injuſte déciſion, que la menace de porter ſa plainte à la municipalité. Alors le procureur de la commune lui répondit : *Qu'il perdroit ſa cauſe à ce tribunal;* preuve ſans réplique que le plan de conduite que le bureau ſuivoit à notre égard, étoit tracé par la municipalité même; que les vexations que nous avions à reprocher au bureau, étoient vraiment une œuvre municipale. Enfin, après pluſieurs mois de ſollicitations, nous obtenons une foible partie de nos honoraires, & c'eſt au titre inſultant de *ſecours.*

C'eſt ainſi que, juges & parties, inſpecteurs & reſponſables tour-à-tour, les officiers municipaux qui ſont dans l'adminiſtration des colleges, diſpoſent à leur gré des conventions, annullent les traités revêtus de toutes les formes légales, ſuppriment, caſſent les lettres patentes . . . . . & ce ſont ces mêmes hommes qui nous appellent infracteurs de la loi !

Le projet d'invaſion ſe développoit toujours avec plus d'activité & moins de ménagement. Les municipaux & les adminiſtrateurs leurs principaux agents, se regardoient comme dans un pays conquis, où ils étoient maîtres de déterminer à leur gré, ce qu'ils daigneroient laisser aux vaincus. Ils ne sont arrêtés ni par la valeur & l'authenticité des titres qui assurent nos propriétés usufruitieres, ni par les Décrets de l'Assemblée constituante qui nous maintiennent provisoirement dans l'administration & la jouissance de tous nos biens. Toutes ces autorités ne méritent pas la moindre attention de la part de nos adversaires. Ils le veulent ; tel est leur bon plaisir ; qu'importent la Constitution & les loix ? Ils se croient d'ailleurs les plus forts. La jouissance des bâtiments, dont il nous étoit permis de disposer à notre plus grand avantage, n'étoit pas fondée sur des titres plus respectables & plus valides que le droit à seize mille livres d'honoraires.

On arpente tout le terrein, le local est jugé trop vaste ; la commune pourra vendre une partie des bâtiments, & s'en adjuger le prix. M. Marrel, un des administrateurs, compte les croisées du pensionnat, réduit à cent trente le nombre des pensionnaires, qu'aujourd'hui la municipalité fait monter à deux cents, pour supputer à sa maniere nos prétendus bénéfices, & conclut à confiner dans ce même pensionnat, pro-professeurs, pensionnaires, domestiques, & à vendre le college au profit de la ville.

On opposera peut-être que ce projet ne devoit avoir son exécution qu'après la destruction présumée de l'Oratoire. Mais comment concilier ce prétexte avec les bases qu'on donnoit à ce plan, puisqu'il n'étoit appuyé que sur le nombre d'Oratoriens & de pensionnaires existants alors dans le college ?

Enfin, ce projet de nous ravir ce que toutes les loix nous attribuent, déja assez rigoureusement démontré par les faits que nous venons de citer, est pleinement constaté par les observations qu'a publiées depuis peu M. Niviere-Chol, officier municipal. Sans doute ce témoignage n'eſt pas ſuſpect, & nous attendons, avec l'impatience d'une curioſité bien légitime, l'interprétation que la municipalité donnera à cet aveu.

Selon M. Niviere-Chol, « les membres de l'aca-
» démie de Lyon ſavent tous que la municipalité
» avoit décidé que non-ſeulement la bibliotheque Ada-
» moly, mais encore la grande bibliotheque qui exiſte
» au college de la Trinité, ſeroient confiées aux ſoins
» de l'académie. A cet effet, la municipalité avoit
» arrêté que MM. de l'académie de Lyon ſeroient
» invités à nommer des commiſſaires pour, conjointe-
» ment avec la municipalité, conférer ſur l'avantage
» que le public retireroit de la réunion des deux
» bibliotheques conſervées ſous la direction de l'aca-
» démie, & en effectuer le plus promptement poſ-
» ſible le projet. »

Mais les officiers municipaux ignorent-ils que les lettres patentes nous avoient confié la garde de cette bibliotheque ? Nieront-ils que des décrets bien formels nous maintiennent dans nos jouiſſances & nos fonc-tions ? Et ils ſe diront offenſés, lorſque nous les dé-férerons à nos juges qui ſont auſſi les leurs, comme des ennemis acharnés à notre deſtruction ! Ils ſup-priment nos honoraires, projettent de vendre tout le terrein du college, de nous enlever la garde de la bibliotheque, du médailler, de l'obſervatoire ; ils nous conteſtent la propriété, ils nous ôtent la jouiſſance du cabinet de phyſique que nous avons formé volon-tairement & bien librement des fruits de notre éco-nomie ; & ils s'écrient dans leur juſtification : *quels ſont donc ces actes de deſpotiſme ? Où eſt manifeſté cet acharnement à la deſtruction de l'Oratoire ? C'eſt*, ajoutent-ils, *ce que les **PP**. de l'Oratoire auroient dû expoſer avant* d'employer *des expreſſions odieuſes.*

Eh bien, la voilà l'expoſition qu'ils ſemblent defirer. Ce ne font pas ici de vaines déclamations ; les faits font authentiques : ils difent , ils prouvent tout, ils juftifient jufqu'au ton de nos plaintes ; & le public les appréciera fans doute. Eft-ce *priver les premiers magiftrats du peuple de la confiance qu'il eft fi effentiel de leur conferver*, que de travailler à fe défendre des abus de pouvoir qu'ils fe permettent ? S'ils perdent cette confiance, eft-ce à notre fenfibilité qu'ils doivent s'en prendre, ou aux infractions qu'ils font aux loix anciennes & nouvelles, ainfi qu'aux premiers principes du droit civil ? Il faut donc fe laiffer dépouiller, avilir, déshonorer fans murmure ; il faut, fous les loix conftitutionnelles , fouffrir dans un lâche filence tous les abus du gouvernement arbitraire ? Citoyens ! jugez-nous ; nos plaintes font-elles légitimes ? font-elles affez motivées ? Nous vous préfentons les procédés de nos adverfaires , & les loix dont nous réclamons l'obfervation. Prononcez entre nous & vos repréfentants : point d'indulgence ; nous ne follicitons que votre équité.

Mais il eft des détails plus caractériftiques encore de l'efprit qui anime nos oppreffeurs. Il eft effentiel pour nous que le public les connoiffe , il eft très-intéreffant pour lui de pénétrer dans le fyftême vexatoire de ces magiftrats conftitutionnels , *de ces hommes dont l'autorité eft toute paternelle*. Nous les qualifions de turbulents ; nous nous plaignons d'avoir été troublés par eux dans l'exercice de nos fonctions : un feul fait juftifiera nos plaintes.

Le P. Roman avoit été réduit à ne plus fe montrer au bureau. On fentira aifément la force des motifs qui l'avoient obligé à la retraite. Mais fa préfence dans la maifon gênoit la marche de la municipalité. On connoiffoit les droits de fa place , on avoit éprouvé fa conftance à réclamer les conventions & les décrets. On réfolut de s'en débarraffer à tout prix ; ce qui le prouve , c'eft la légéreté du prétexte employé & l'avidité à le faifir.

Le P. Roman avoit écrit à une dame veuve pour la réfoudre de la maniere la plus honnête à retirer fes deux enfants , lefquels depuis près de deux ans étoient entiérement à notre charge tant pour la penfion que pour l'entretien. Les circonftances ne permettoient pas de continuer cet acte de bienfaifance. Une phrafe tout au plus imprudente , mais très-éloignée encore du fens dangereux qu'on s'eft efforcé de lui donner , terminoit cette lettre ; il étoit dit que les ruines de la congrégation de l'Oratoire feroient bientôt mêlées aux décombres qui couvroient l'empire. Voilà fon crime ; voici le jugement & l'exécution.

Nanti du corps de délit , un détachement nombreux d'officiers municipaux fe rendit à la nuit chez le P. Roman. Ils s'emparent de la porte , la ferment eux-mêmes en dedans ; M. le maire, chef de l'exécution , tire la fatale lettre qu'il tenoit foigneufement enfermée dans fa main , ne laiffant voir que la fignature. Il demande d'un ton fort fec , au fupérieur, s'il reconnoît cette écriture. Le P. Roman avoue la lettre , expofe les motifs de fa conduite envers cette dame. Alors les queftions impérieufes fe multiplient , la colere éclate dans tous les yeux. Les municipaux fe hâtent de tirer de leurs poches de petites bougies ; ils les allument pour commencer & exécuter plus fûrement leurs recherches inquifitoriales.

· Cependant les reproches amers éclatent de tout côté. On ne s'inquiete pas des contradictions bizarres qui peuvent en réfulter , on ne craint pas de compromettre le bon fens & la fageffe du corps municipal. *Où avez-vous pris le droit* , difoit l'un, *de donner votre bien aux pauvres ? Qui vous a permis* , s'écrioit un autre , *de borner les aumônes que vous faites !* Au milieu des clameurs furieuses, on ouvroit les armoires, on visitoit tous les meubles, on feuilletoit les papiers & les livres ; & chaque objet amenoit des réflexions plus absurdes ou plus dures : en ouvrant un livre de théologie du siecle dernier, quelqu'un dit au P. Roman, *que lisez-vous là ?* M. Vitet trouvant sous sa main un ouvrage de politique, s'écrie d'un ton furieux : Peut-on mettre un tel ouvrage entre les mains des enfants ? Comme si nous étions obligés à n'avoir, à ne lire en notre particulier que des ouvrages élémentaires.

M. Vitet qui alloit plus directement à son but, en qualité de chef de la municipalité, s'empara du secretaire, & visitant par préférence les lettres enfermées dans les tiroirs, il lisoit tout sans respect pour tant de relations délicates que peut avoir un prêtre supérieur d'une maison d'éducation publique. Ses yeux annonçoient tour-à-tour l'attente d'une découverte précieuse, & le dépit d'être trompé dans ses espérances. Cependant il crut triompher un instant. Il se saisit d'une lettre de deux ans par laquelle un étranger de distinction remercioit le P. Roman d'un service pécuniaire rendu à un neveu, & s'acquittoit de la dette. M. le maire ne comprenant pas d'abord le véritable sens de la lettre, croit avoir les preuves qu'il desire. Mrs. , Mrs. venez, s'écrie-t-il ; les inquisiteurs accourent ; la chose bien examinée, ajoute encore au dépit que leur causoit l'inutilité de leurs longues recherches.

Enfin se trouve une lettre de M. de Marbeuf au P. Roman. Cette lettre avoit deux ans de date, & ne contenoit que des remerciements sur la priere faite au prélat par l'académie du college de vouloir bien s'en déclarer le protecteur. Victoire pour M. Berthelet ! Il prétend que la lettre est fraîchement écrite ; il passe la main sur le papier pour essayer d'effacer l'écriture, & conclut à déclarer le P. Roman coupable d'une correſpondance , quel crime ! avec un évêque que la loi ne reconnoît plus.

On nous pardonnera ſans doute tous ces détails. Ils feroient minutieux dans toute autre circonſtance. Ici ce font des faits qui caractériſent trop bien le ſyſtême de vexation dont nous nous plaignons. (a)

Choqués de ne pouvoir inculper le P. Roman aux yeux du public , & juſtifier par ſes torts au moins apparents la fauſſeté & l'illégalité de leur démarche, les municipaux lui intimerent l'ordre de ſortir de la maiſon à dix heures & demie du ſoir , & d'aller vivre où bon lui ſembleroit. Il demanda cet ordre par écrit & fut refuſé.

Cependant pluſieurs d'entre nous furent enfin admis dans cette chambre où s'exerçoient tant d'injuſtices ; leur étonnement fut ſi grand, qu'ils s'oublierent & s'abaiſſerent à prier les municipaux de permettre que le P. Roman paſſât le reſte de la nuit dans la maiſon. Cet adouciſſement ne fut accordé qu'avec peine. La converſation s'engagea de part & d'autre. Des aveux trop ſignifiants échapperent à quelques-uns de ces officiers municipaux.

Le *P. Roman*, dit un d'entre eux , *n'eſt pas coupable , mais on peut être dangereux ſans être coupable.* Enfin un d'entre nous ayant obſervé que ces ordres arbitraires , ces expéditions illégales ne différoient en rien de ces lettres de cachet qu'on ſe félicitoit de voir abolies , un municipal répondit froidement : *il eſt bien d'autres perſonnes que nous avons fait diſparoître de la ville , & le public l'ignore.* Citoyens ! voilà vos

---

(a) Pourtant rendons juſtice à la vérité ; après une heure & plus de recherches , un de ces Meſſieurs s'étant apperçu qu'elles étoient inutiles , s'aviſa de ſe rappeller & de dire qu'elles étoient illégales.

repréfentants ; & dans leur prétendue juftification , ils affimilent l'exercice d'un pouvoir fi odieux à la douce autorité paternelle !

Et ils s'indignent que nous demandions fi la ville de Lyon forme une république oligarchique, féparée du refte de l'empire ! Quoi ! donc ne fommes-nous pas autorifés à nous croire bien éloignés de la France , lorfque tout ici combat les principes fondamentaux de cette conftitution fous laquelle elle efpere goûter les bienfaits de la paix & de l'ordre ? Qu'on nous apprenne donc en vertu de quels décrets émanés du corps conftituant, un citoyen fonctionnaire public qui n'eft coupable d'aucun délit , parce qu'il aura déplu aux officiers municipaux , fera foumis à des recherches tyranniques , enlevé de fon domicile au milieu de la nuit , arraché à des fonctions importantes qui le lient à l'ordre public , & qu'il exerce fous l'infpection & la protection de la loi !

En France , il eft dans l'efprit de la loi de traiter avec douceur des hommes malheureufement aveuglés par les terreurs de leur confcience ; à Lyon , ils font chaffés de leur maifon avec ignominie, expofés à fe trouver fans afyle , peut-être à manquer des néceffités de la vie. Et quand il s'agit de remplacer ces hommes utiles , quels font les motifs par lefquels on croit engager des Oratoriens à le faire ? *Les Sulpiciens ont toujours été vos ennemis*, leur dit-on. Que ces municipaux nous connoiffent peu ! *Si vous ne confentez à notre demande, nous vous ferons mettre dans tous les journaux :* difcours bien digne de magiftrats fages & amis de la paix !

En France , on refpecte la liberté de confcience ; à Lyon , lorfqu'un fonctionnaire public, interpellé de dire fi fon deffein eft de prêter le ferment, répond prefqu'en tremblant : *Ma confcience . . .* Taifez-vous, lui crie le procureur de la commune ; *quoi ! vous ofez mettre votre conscience au dessus de la volonté générale ?*

En France, la vengeance de la loi doit s'étendre sur tous les coupables ; tous, suivant la nature & la griéveté de leurs délits, doivent subir la peine qu'elle a déterminée. A Lyon, pour avoir eu chez lui un ouvrage que les officiers municipaux sans doute ont jugé dangereux, un homme estimé, un pere de famille, est enlevé en plein jour à ses affaires, à son épouse, à ses enfants ; traduit devant les représentants de la commune, condamné à une détention de vingt-quatre heures. Mais à Lyon, quelle doucereuse indulgence de la part de ces mêmes hommes pour les auteurs, pour les distributeurs de ces feuilles incendiaires, où les administrateurs les plus integres, où les citoyens les plus honnêtes, sont déchirés par la calomnie ; de ces caricatures dégoûtantes, où ce que tout bon François respecte, étoit l'objet des plus vils outrages ! A-t-on pris des moyens pour arrêter le cours de ces odieux libelles, pour soustraire ces gravures à la vue du peuple ? A-t-on poursuivi ceux qui offroient à sa curiosité cette pâture empoisonnée ? Cependant un homme estimé est sévérement puni pour une faute bien plus légere, si même sa faute en étoit une. La loi n'est-elle donc pas à Lyon la même pour tous les citoyens ? ou bien à Lyon, épargne-t-on les vrais coupables, pour ne frapper que sur celui qui peut-être est innocent ?

En France, les municipalités doivent se contenir dans les bornes de l'autorité qui leur est attribuée ; à Lyon, le département est obligé d'annuller, par ses arrêtés, l'illégalité des délibérations municipales.

En France, dès que les loix sont promulguées, les magistrats donnent l'exemple de l'obéissance ; à Lyon, la loi de la police correctionnelle est publiée, & il faut que le district en prescrive hautement l'exécution, pour que la municipalité se défaisisse d'un pouvoir que la loi confioit à d'autres mains.

En France , le juge écoute les réponſes & les plaintes de l'accuſé ; il accueille avec douceur ſes moyens de défenſe ; il ſeroit bien aiſe de le trouver innocent. A Lyon, quand des citoyens eſtimables peut-être oppo-ſent leurs droits à la violence , repréſentent leurs titres à la propriété des effets que leur enleve la main du deſpote, un maire, des officiers municipaux gardent un ſilence inſultant ; le mépris eſt dans leurs regards , & tous leurs traits reſpirent l'outrage.

En France, en un mot, on reſpecte les Décrets de l'Aſſemblée Nationale ; à Lyon, M. Preſſavin leur oppoſe ſon argument des baïonnettes !

Et ce ſont-là les hommes qui ſe plaignent que nous ayons oſé leur donner la qualification de turbulents ! Ce ſont eux qui ſe *révoltent de l'indécence* des queſ-tions que leur conduite nous autoriſe ſi bien à faire ! Ce ſont eux qui, à raiſon de ces queſtions mêmes, nous déclarent indignes de la confiance publique ! Mais quels en ſont les plus indignes, de ceux qui violent les loix , ou de ceux qui, ſupportant impatiem-ment la violation de ces loix ſaintes , demandent ſi obéir aux Décrets de l'Aſſemblée Nationale, n'eſt pas un devoir pour les magiſtrats de notre ville ?

Pour nous , nous ſommes François ; nous ne ſerons ſoumis qu'à la loi , & nous leur enſeignerons à la reſ-pecter. Ils ſe plaignent qu'on les accuſe de révolte , de crime de leſe-nation : non, leur dirons-nous, nous ne vous en avons point accuſés ; mais ſi vous n'êtes pas coupables de ce crime, la patrie au moins n'a-t-elle rien à vous reprocher ? Et pourquoi vous-mêmes nous invitez-vous à rappeller tous vos écarts ? Qu'avez-vous fait ? Pluſieurs fois vous avez juré ſolem-nellement de maintenir de tout votre pouvoir la Conſ-titution françoiſe, & vous avez voulu l'attaquer jufques dans fes fondements ? Cette Conftitution décrete comme une des premieres bafes de l'édifice, la monarchie, & la monarchie héréditaire; & dans le vœu incivique que vous avez ofé émettre lorfque la France alarmée de l'évafion de fon Roi, fe réuniffoit au Corps conftituant, vous avez parlé avec un mépris infultant, de cette forme de gouvernement fi néceffaire à un vafte empire. Vous, hommes de paix! vous que bleffe l'épithete d'hommes turbulents! Vous vous êtes alliés à la tourbe de ces factieux qui, foutenus des odieufes manœuvres des contre-révolutionnaires, dans ces circonftances critiques où tous les malheurs étoient fufpendus fur nos têtes, fomentoient l'effervefcence populaire, fatiguoient l'Affemblée conftituante, provoquoient par des écrits virulents, le mépris d'un pouvoir que l'Affemblée elle - même a regardé comme le falut de la France, le foutien des loix, le lien de toutes les parties de l'empire! Vous, hommes de paix! vous qui, liés par votre ferment, deviez attendre en filence que l'autorité qui vous avoit impofé le devoir de le prêter, vous dégageât de l'obligation de l'obferver, vous l'avez violé par vos vœux mal déguifés, & plus encore par le ton indécent fur lequel vous ofiez parler d'un monarque que la loi ne vous avoit pas difpenfé de révérer! Vous, miniftres d'une loi qui fubfiftoit encore, vous la rendiez méprifable! Mais, dites-nous : quel devoit être l'effet de ces vœux coupables, dans le cas que l'Affemblée tînt la conduite qu'elle a tenue, fi ce n'eft de rendre pour toujours odieux au peuple, un monarque que le peuple doit aimer! Votre adreffe préfentoit à toutes les ames le poifon qui diftilloit de vos paroles ; croyez-vous qu'un décret de l'Affemblée ait pu tout-à-coup arrêter l'effet du venin? Louis XVI eft fur le trône? Notre peuple a-t-il oublié les leçons que vous lui donnâtes? Ce peuple bon! fi, égaré par fes guides, il haïffoit encore le monarque, fi fa haine le rendoit rebelle aux ordres du pouvoir; quels feroient les hommes coupables de cette haine & des défordres qu'elle pourroit faire naître? Aviez-vous prévu ces dangers? A quelles mains eft donc confié le bonheur de notre ville! Si vous ne pûtes les appercevoir dans l'avenir, quelle eft donc votre *turbulente* imprudence ? Vous qui dans l'inftant où vous n'aviez pas même pour vous le vœu du confeil général de notre commune , ofiez vous vanter de parler au nom de toutes les communes de l'empire! Vous, qui prétendiez en termes équivoques, que l'autorité royale eft une tache dans la conftitution, hommes de paix! Vous qui, en difant que Louis XVI ne regagneroit jamais la confiance du peuple, fi l'Affemblée ne fuivoit les mefures prefcrites par votre fageffe, invitiez le peuple à ne jamais la lui rendre, fi ces mefures n'étoient pas fuivies! Vous, l'épithete de turbulents vous offenfe! Niez le délit, prouvez que vous en êtes innocents, & nous fommes prêts à rétracter nos paroles.

Il faut que le regne de la juftice & de la loi commence enfin à s'établir fur des bafes folides. Vous renoncerez malgré vous à ce droit du plus fort que votre imprudent collegue a ofé faire valoir pour juftifier les vexations qu'il exerçoit contre nous; car, l'avez-vous défavoué cet impétueux M. Preffavin ? avez-vous donné le moindre figne d'improbation à fa conduite fi repréhenfible? Pour nous, nous vous dirons : Notre force eft dans les loix; elles feront toujours entre nos mains, des armes redoutables avec lefquelles nous combattrons & nous vaincrons vos prétentions illégales. Fiers de cet appui, nous nous eftimerons invincibles : vous pourrez nous haïr, mais nous faurons bien vous forcer à nous eftimer. Vous le voyez, notre conduite, nos démarches ne font point équivoques. Nous vous avons conduits devant le tribunal refpectable de l'opinion publique. Niez les faits que nous avons articulés ; ou fi vous êtes contraints de vous les avouer à vous-mêmes, ayez le courage de les confronter aux loix que vous avez juré d'obferver & de maintenir.

Pour vous, que nous appellons nos juges aujourd'hui, chers & refpectables concitoyens, de tout fexe, de tout âge, de toute profeffion, notre caufe eft la vôtre. Nous avons les mêmes droits que vous, & on y a porté une cruelle atteinte. Nous avons été forcés de réfifter enfin à l'oppreffion qui, fans doute, ne vous paroît plus douteufe. Le danger auquel nous nous expofions par cette défenfe ouverte & vigoureufe, doit être en quelque forte pour vous un garant de la légitimité de nos plaintes. Nous vous devions cet exemple d'une jufte réfiftance à l'oppreffion ; nous croyons auffi vous avoir rendu un affez grand fervice en attaquant les premiers des abus dont vous avez gémi comme nous. Nos travaux, nos veilles vous font fpécialement confacrés ; c'eft pour votre utilité que nous exiftons, cette exiftence mérite peut-être de vous intéreffer ; mais nous n'ignorons pas que pour le fuccès de nos fonctions, un grand accord eft néceffaire entre nous & vos repréfentants : foyez affurés que notre reffentiment ne nous écartera jamais de nos devoirs. Nous nous engageons folemnellement devant vous, à donner l'exemple du refpect dû à toute autorité légitime. Que les officiers municipaux refpectent de leur côté les bornes que les loix leur prefcrivent, & nous vous garantiffons de notre part les plus fermes difpofitions de rétablir, de conferver même par des facrifices, cette harmonie néceffaire entre des fonctions publiques qui n'ont & ne peuvent avoir,

chacune dans son genre , d'autre objet que le bien
général , auquel nous sommes spécialement dévoués
par goût & par principes.

Signé, Blain, Henry, Lefebvre, Daburon, Roman,
Boichot, Menard, Roubiés, Bilet, Gourju, Guigou,
Robert, Lauriol, Salvator, Mouttet, Mabille, Gaudar,
Herluison , Laffitte , Benj. Robert, tous membres
de la Congrégation de l'Oratoire.

NOTES.

(N° I.)

Extrait des Lettres -.patentes de notre établiſſement dans le College.

ART. V. Le College de la Trinité ſera deſſervi, à compter du 1er novembre prochain (1763), par des Prêtres de la Congrégation de l'Oratoire, qui y enſeigneront gratuitement les Etudiants.

ART. VI. Ladite Congrégation fournira, pour remplir leſdites claſſes, chaires & offices néceſſaires pour ledit College, y compris le ſupérieur, les préfets, l'économe, & deux ſujets pour ſuppléer aux régents & profeſſeurs en d'abſence ou d'empêchement, ſeize eccléſiaſtiques d'icelle, dont quatre au moins ſeront prêtres.

ART. XVII. Il ſera, conformément au traité fait entre les Officiers Municipaux de la ville de Lyon & le Supérieur de ladite Congrégation, payé à ladite Congrégation, annuellement & de quartier en quartier, par le Receveur du Bureau dudit College, & le premier quartier d'avance, la ſomme de ſeize mille livres, pour ſubvenir à l'entretien des ſeize Eccléſiaſtiques mentionnés en l'article VI ci-deſſus ; laquelle ſomme ſera priſe d'abord ſur celles que ladite Ville s'eſt engagée de fournir annuellement audit College, par les délibérations par elle priſes à ce ſujet, & ſubſidiairement ſur les autres revenus qui ſeront jugés appartenir audit College.

ART. XVIII. Leſdits Prévôt des Marchands & Echevins remettront en outre annuellement au Supérieur dudit College, les ſommes précédemment octroyées par délibérations de ladite ville, pour la diſtribution des prix.

ART. XIX. Il ſera en outre payé à ladite Congrégation . . . . . une ſomme de trois cents livres pour l'entretien d'un Portier.

ART. XX. Ladite Congrégation aura l'uſage & la jouiſſance pleine & entiere de la totalité des bâtiments & autres dépendances dudit College, à l'exception ſeulement de la maiſon où eſt l'ancienne ſalle des jeux, &

du paſſage conſtruit ſur une voûte appuyée ſur le mur
dudit College & ſur celui de ladite maiſon.

ART. XXI. Ladite Congrégation jouira pareillement
des boiſeries, tableaux & ajuſtements quelconques, qui
ſeroient jugés appartenir audit College, ſans pouvoir les
employer ailleurs, à l'effet de quoi il en ſera dreſſé un
état par un des Membres dudit Bureau, à ce nommé,
& par le Supérieur dudit College, ſans toutefois qu'elle
puiſſe demander aucune indemnité ni augmentation pour
raiſon de ce qui ſeroit jugé par la ſuite ne pas appartenir audit College.

ART. XXII. Les bâtiments dudit College ſeront remis
à ladite Congrégation, en bon état de toutes réparations
même locatives, & elle ſera tenue de les y maintenir,
& de les entretenir de toutes réparations groſſes & locatives, pendant tout le temps de ſa jouiſſance; au moyen
de quoi, elle pourra occuper la totalité deſdits bâtiments,
ou en diſpoſer à ſon plus grand avantage, ſans néanmoins
y nuire ni préjudicier, ni détériorer la décoration &
l'étendue de la ſalle de la Bibliotheque, ou changer
l'état actuel des bâtiments néceſſaires pour l'exercice dudit
College, ſans une délibération dudit Bureau, homologuée
par notre Cour du Parlement de Paris, ſur la requête de
notre Procureur général en icelle.

ART. XXIII. Ladite Congrégation aura pareillement la
garde de ladite Bibliotheque, du Médailler, des Machines
& Inſtruments d'obſervatoire, qui ſeront jugés appartenir
audit College; à l'effet de quoi, il en ſera dreſſé des
états en la forme qui ſera convenue entre ledit Bureau
& le Supérieur général de ladite Congrégation, ſans que,
pour raiſon de ce, elle puiſſe demander aucune augmentation de ladite ſomme de ſeize mille livres, ou aucune
indemnité, quand même le tout ſeroit rendu public.

ART. XXIV. Ladite Congrégation aura pareillement la
jouiſſance de tous les bâtiments de la penſion attenante
audit College, & des ameublements, uſtenſiles & effets
mobiliers quelconques, ſervant à l'uſage d'icelle, qui
ſeroient jugés appartenir audit college, dont ſera dreſſé
un état, ſigné par un des membres dudit Bureau, à ce
député, & par le ſupérieur dudit college, ſans toutefois
que ladite congrégation puiſſe demander aucune indemnité ni augmentation pour ce qui pourroit être jugé ne
pas appartenir audit College.

(N.° II.)

Extrait des Délibérations du Bureau des Colleges, du 29 août 1765.

Il a été unanimement arrêté, qu'à compter des Fêtes de Noël prochaines, la congrégation de l'Oratoire jouiroit de la maison, rue du Pas-étroit, appellée la Salle des jeux, avec ses dépendances, & de la voûte qui communique aux bâtiments du college, pendant tout le temps qu'elle aura le libre exercice du college de la Trinité, à la charge par ladite congrégation,

1°. De payer annuellement ou de tenir compte au Bureau de la somme de deux mille livres par année.

2°. De demeurer chargée de toutes réparations, entretiens & décorations de ladite maison, pendant tout le temps qu'elle aura l'administration du college.....

3°. Que ladite salle des jeux sera employée à l'avenir à l'usage des exercices publics du College de la Trinité.

Du 9 février 1769.

Il a été unanimement arrêté que ladite Congrégation de l'Oratoire aura à l'avenir, & tant qu'elle sera préposée à la desserte du college de la Trinité, la jouissance du domaine de St. Julien, situé à la Croix-rousse, à la charge par ladite congrégation,

1°. De payer ou de tenir compte sur les honoraires destinés pour l'entretien du college, de la somme de cinq cents livres par année, entre les mains de M. le Receveur des colleges, à compter de la Fête de Saint-Martin derniere.

2°. D'entretenir les bâtiments dudit domaine des grosses & menues réparations, de réparer les terrasses & allées, & de tenir les fonds qui en dépendent, en bon état.

3°. De payer chaque année, sans diminution desdites cinq cents livres, les impositions royales, mises & à mettre sur ledit domaine, de quelque nature qu'elles soient.

4°. De donner son chargé des meubles, ustensiles & agencements qui se trouvent dans ledit domaine, pour en tenir compte au bureau, dans le cas où ladite congrégation quitteroit l'exercice dudit college, toutefois sauf l'usage, & ce suivant l'état qui a été dressé entr'elle & MM. les Economes sequestres, &c.

(N° III.)

Il exifte un inventaire des effets trouvés au college &
au penfionnat, à l'époque de notre mife en poffeffion. Cet
inventaire eft muni de la fignature du commiffaire nommé
par le bureau, & de celle du P. Danglade, fupérieur; il
eft dépofé dans les archives de la ville : que nos adverfaires fe hâtent de le publier. C'eft le titre le plus favorable à leurs prétentions, fi elles font fondées. Nous demandons, nous follicitons vivement cette publication,
comme le moyen le plus fimple & le plus fûr de fixer
fur cet objet l'opinion de tous les citoyens : ils pourront
comparer l'état ancien & l'état actuel du College de la
Trinité.

(N° IV.)

En 1766, le confulat ayant vendu l'hôtel de l'ancien
gouvernement, cherchoit un local favorable pour l'école
gratuite de deffin. M. de la Verpilliere, alors prévôt
des marchands, réclama auprès du bureau, au nom de
la municipalité, la propriété & l'ufage de la congrégation des grands artifans, fituée fous la partie méridionale
de la bibliotheque. Les plus forts motifs de cette réclamation étoient *que la plus grande partie du fol avoit été*
acquife des deniers de la ville, & l'autre partie des fonds
fournis par les membres qui formoient ladite congrégation.
Il fe préfente naturellement ici quelques remarques à
faire. Le confulat avoit, par le concordat, abfolument
aliéné en notre faveur la jouiffance entiere des bâtiments
du college ; il requit lui-même l'exécution des lettres-
patentes ; il nous mit en poffeffion du college fans arti-
culer aucunes réferves, aucun droit de retrait fur la
moindre partie du local. Quelques années après la con-
fommation du traité, il redemande cette congrégation,
fous le prétexte qu'une partie du fol avoit été acquife
des deniers de la ville, deniers qui pouvoient avoir été
octroyés en pur don. Le confulat d'ailleurs fe fubftitue
aux droits des membres de la congrégation fupprimée,
fans produire aucun titre de fubftitution.
Mais la conclufion de l'affaire prouve évidemment
combien peu la municipalité d'alors croyoit à la validité de fa prétention. La chofe mife en délibération,
ladite chapelle eft accordée fous les réferves du P. Danglade, fupérieur du college, *que cette chapelle n'eft cédée*

que précairement de sa part à MM. les prévôt des marchands & échevins de la ville de Lyon. (*Délibérat. du bureau, du* 19 *juin* 1766.) Et les réclamants signent eux-mêmes sans la moindre protestation, & par leur signature, ils consacrent les droits de propriété usufruitiere qu'avoient les PP. de l'Oratoire, aux termes du concordat & des lettres-patentes.

L'école de dessin fut donc établie dans une partie de la ci-devant chapelle : quelques mois après, nous cédâmes le reste du local au college de médecine. (*Délibérat. du bureau, du* 14 *août* 1766.)

Les habitants de Lyon n'ont pas oublié les malheurs d'une émeute populaire excitée par les préventions les plus absurdes. L'emplacement dévasté resta comme en interdit pendant quelque temps. Enfin en 1769, MM. les médecins étant venus demander au bureau la permission d'y former encore leurs assemblées, la chose mise en délibération, demeura indécise pendant deux séances consécutives. (*Délibér. du bureau, des* 13 & 27 *avril* 1769.)

Dans les suivantes, on lut plusieurs mémoires tendants à éloigner du college un établissement suspect au peuple. M. Lecour se présenta, demandant le local pour y établir sa manufacture ; la proposition fut acceptée. Le lieu fut rendu aux usufruitiers qui ne l'avoient cédé que précairement ; & ce qui est à remarquer, M. Chirat, échevin, donna à ce retour un plein consentement, au nom du consulat.

Nous rentrâmes donc en possession d'une jouissance légitime, avec toutes les formalités requises & les autorisations nécessaires. Sans être taxé d'avidité, on peut jouir exclusivement de son bien. Cependant nous tenions toujours au sentiment & au motif qui avoit déterminé la cession précaire ; notre délicatesse nous prescrivoit, mais nous prescrivoit seule, l'obligation rigoureuse de conserver à l'utilité publique une propriété légitime que nous lui avions déja consacrée. Aussi le P. Danglade, au nom de ses confreres, s'engagea à établir, du produit de la nouvelle location, un cours public de physique expérimentale, & à former un cabinet de machines. La preuve qu'on ne mit point cette condition à notre rentrée dans la jouissance d'un local cédé précairement, c'est que le bureau exprima sa satisfaction & sa reconnoissance de ce trait de notre désintéressement & de notre zele pour répandre le goût & faciliter la culture des sciences. Des administrateurs ne remercient jamais, quand on satisfait à des obligations qu'ils font chargés de faire remplir. (*Meſſieurs ont confirmé l'autoriſation & conſentement par eux donnés à la location faite par les PP. de l'Oratoire de la ſalle , & ont déclaré qu'ils ne pouvoient qu'approuver avec éloge l'intention où ſont les PP. de l'Oratoire d'employer le produit du loyer à l'établiſſement & à l'entretien d'une école de mathématiques & de phyſique expérimentale. . . . & ont arrêté que les PP. de l'Oratoire défendroient à la demande (de la chapelle) qui leur a été faite par les médecins , . . . & que le bureau interviendra dans ladite inſtance , & ſe joindra aux prêtres de l'Oratoire pour faire proſcrire la demande des médecins. Délibérat. du 30 août 1770.)*

Il eſt pénible pour nous d'être réduits , par une circonſtance impérieuſe , à la triſte néceſſité de paroître nous vanter nous-mêmes. Mais ce ne ſont pas ici de ſimples particuliers , aux fauſſes imputations deſquels nous ſoyons autoriſés à n'oppoſer que le ſilence du mépris. Ce ſont les repréſentants de la commune qui nous ont traités , qui nous ont traduits devant nos concitoyens , comme des mercenaires expoliateurs , comme des rebelles à la loi : ni l'imputation , ni la qualification ne ſont faites pour nous ; l'obligation de les repouſſer juſtifie des moyens que nous nous interdirions dans toute autre circonſtance.

(Nº. V.)

Nous ne rappellerons pas une ſeconde fois au public les remiſes faites à pluſieurs de nos penſionnaires ; mais nous dirons quelle a été notre conduite dans le déſaſtre dont nous accabla , il y a peu de temps , la faillite d'un adminiſtrateur infidele. Tout le monde avoue qu'à ſuivre la rigueur des formes preſcrites par la loi , nous pouvions méconnoître des créances ſecrettes munies de la ſimple ſignature d'un agent ſubordonné. Nous avons obéi ſans héſiter à la voix de l'honneur ; la congrégation entiere s'eſt déclarée reſponſable , s'eſt engagée à liquider la dette ; comme membres de cette congrégation , l'engagement qu'elle a pris , nous nous ſommes chargés par conſéquent de contribuer à le remplir. Mais nous rougiſſons d'avoir à rappeller des actes & des procédés que nos principes nous rendent obligatoires , ainſi que l'eſprit dont nous nous faiſons une gloire d'avoir toujours été animés. Que les ames honnêtes qui pourroient en être bleſſées , examinent notre cruelle poſition ; qu'elles n'oublient pas qu'on affecte de nous préſenter comme des hommes d'une

avidité prefque infatiable , comme des expoliateurs du
bien public ; bien loin de nous blâmer , elles compâtiront
à nos peines ; elles excuferont ces nouveaux moyens de
défenfe , que nous nous interdirions dans toute autre
circonftance.

(N°. VI.)

Décret des 14 & 20 avril 1790.

ART. Ier. L'adminiftration des biens déclarés , par le
décret du 2 novembre dernier , être à la difpofition de
la nation , fera & demeurera , dès la préfente année ,
confiée aux adminiftrations de département & de diftrict,
ou à leurs directoires , fous les regles , les exceptions &
les modifications qui feront expliquées.

ART. VIII. Sont & demeurent exceptés , quant à préfent,
des difpofitions de l'art. Ier du préfent décret , . . . les
colleges & maifons d'inftitution , étude & retraite , admi-
niftrés par des eccléfiaftiques ou par corps féculiers . . .
lefquels continueront comme par le paffé , & jufqu'à ce
qu'il en ait été autrement ordonné par le corps légis-
latif , d'adminiftrer les biens . . . dont ils jouiffent.

(N°. VII.)

Sans doute , nous n'aurions point eu le droit de difpofer fans l'autorifation du bureau , des effets , ameublements , &c. appartenants au college & dont l'état eft
détaillé dans l'inventaire qui en fut dreffé , ainfi qu'il
a été dit déja , lorfque nous fûmes mis en poffeffion des
bâtiments. Mais que nos adverfaires nous prouvent qu'un
feul des effets vendus n'ait été acheté de nos deniers ,
de ces fruits qu'a produits entre nos mains une jouiffance
dont nous pouvions difpofer *à notre plus grand avantage.*
Ils ont cet inventaire ; qu'ils le compulfent , & nous
confondent , fi nous fommes coupables.

www.ingramcontent.com/pod-product-compliance
Lightning Source LLC
LaVergne TN
LVHW020000180726
843503LV00008B/3740